NOTICE

SUR

M. LEDICTE-DUFLOS,

Président du Tribunal civil de Clermont,

MEMBRE DU CONSEIL GÉNÉRAL ET DE LA SOCIÉTÉ ACADÉMIQUE DE L'OISE,
CHEVALIER DE LA LÉGION-D'HONNEUR,

Par M. DANJOU.

BEAUVAIS,

IMPRIMERIE D'ACHILLE DESJARDINS, RUE SAINT-JEAN.

1856.

NOTICE

SUR

M. LEDICTE-DUFLOS,

Président du Tribunal civil de Clermont,

Membre du Conseil général et de la Société Académique de l'Oise,
Chevalier de la Légion d'Honneur,

LUE DANS LA SÉANCE DU 19 NOVEMBRE 1855.

MESSIEURS,

Le coup de foudre qui nous a enlevé l'un de nos meilleurs et de nos plus généreux confrères, au moment où, s'occupant de nous jusqu'à la fin, il se disposait à apporter à notre Musée de nouvelles richesses, a laissé dans vos âmes une impression de douleur qui ne s'effacera point. Tous nous avons senti la grandeur de notre perte ; tous nous avons déploré la mort si cruellement précipitée de ce savant aimable, de ce collègue affectionné qui nous avait donné tant de preuves de son ardent amour pour la science, de son goût délicat pour les arts, de son dévouement pour notre compagnie. Pénétré des sentiments qui vous animent tous, nous avons regardé comme un devoir de recueillir les honorables souvenirs que nous laisse un collègue si digne de nos plus vifs regrets. Après les consolations qui viennent du ciel, il n'en est pas de plus douces que de faire revivre par un respectueux retour sur le passé la pensée de ceux qui nous ont été chers. C'est ce devoir que nous nous sommes efforcé de remplir en recueillant des souvenirs qui seront toujours précieux pour la Société Académique.

Le président Ledicte-Duflos (Marie-Charles-Edouard) est né à Gournay-en-Bray, le 8 octobre 1786. Sa famille, justement considérée dans le pays, comptait au nombre de ses membres une de nos illustrations militaires, le général baron d'Estabenrath, qui portait à notre collègue une affection presque paternelle, payée d'un respectueux et filial retour.

Un concours de circonstances, heureux pour nous, appela et fixa M. Ledicte-Duflos dans notre contrée, et nous procura l'adhésion d'un des membres de la Société Académique qui ont pris le plus de part à son développement et à sa prospérité. Un mariage dont les heureuses prémices ne rendirent que plus terrible la douleur d'un veuvage prématuré, avait fait entrer M. Duflos dans une ancienne et honorable famille, dont les propriétés se trouvaient situées aux environs de Beauvais et surtout de Clermont. Vers la fin de 1814, il fut appelé au tribunal de cette dernière ville, en remplacement d'un magistrat estimé, et ne tarda pas à conquérir lui-même dans l'opinion publique une place à laquelle ne nuisit nullement l'excellente et légitime réputation de son prédécesseur.

Ce n'est point ici le lieu de vous parler en détail des vertus et des services du magistrat. Justice a été rendue avec autant d'éloquence que d'autorité à notre digne confrère dans d'autres circonstances. Il nous suffit de rappeler ici que le savant modeste, l'antiquaire zélé, l'amateur éclairé des arts dont le concours honorait notre association, s'était fait la place la plus honorable dans la mâle carrière de la magistrature.

La ville de Clermont, qui était pour lui une seconde patrie, a exprimé bien vivement le sentiment de la perte qu'elle faisait dans M. Duflos, et montré combien était cher à toutes les classes de la population un magistrat dont la belle carrière judiciaire se résume par quarante ans de services distingués rendus dans le même siège, à la tête duquel il avait été pendant vingt-six ans. Le deuil général qui signala ses funérailles est le plus bel hommage que pût recevoir sa mémoire.

Ce sentiment affectueux qui se joignait chez tous à une respectueuse estime, avait sa source dans les qualités du cœur qui distinguaient particulièrement le président Duflos. En dehors des grâces

de l'esprit et de la science du jurisconsulte , M. Duflos possédait l'heureux don d'une égalité de caractère et d'une aménité constante dont
nous avons fait nous-même la douce expérience. Dans les graves
fonctions de la magistrature, il savait toujours tempérer par la suavité
des formes les inévitables sévérités du commandement et les exigences
du service. L'amitié de ses collègues, l'affectueuse déférence de ses
subordonnés et la confiance presque filiale de ses concitoyens étaient
la juste récompense de la douce fermeté avec laquelle il savait remplir
les devoirs, même les plus austères, de sa position élevée.

Lorsque la confiance du pays l'appela dans le sein de ces assemblées
délibérantes où l'intérêt des questions agitées, la vivacité des contro-
verses et la part involontaire qu'y prend souvent chez les plus humbles
le sentiment surexcité de la personnalité, ajoutent encore au difficile
mérite de la modération, M. Duflos sut toujours conserver dans la dis-
cussion l'urbanité la plus gracieuse, sans manquer aux graves intérêts
qu'il devait soutenir. Chez lui la dissidence était toujours inoffensive,
l'adhésion toujours encourageante et affectueuse, et il en fut constam-
ment payé par l'attachement dévoué de tous ses collègues, tant au
conseil général du département qu'au conseil municipal de Clermont,
où la confiance de ses concitoyens le maintint pendant quarante ans,
à travers plusieurs révolutions.

Après ce coup d'œil rapide jeté sur l'homme public, nous avons hâte
d'arriver au savant, à l'antiquaire, au membre généreux et dévoué de
la Société Académique.

Vous le savez, Messieurs, au milieu des graves travaux de la magistrature, le président Duflos, à l'exemple de ses plus illustres de-
vanciers, avait su mener de front le goût des arts et l'étude des temps
passés. Héritier des traditions et de la vocation d'un beau-père qui
avait su mettre à profit son séjour auprès du grand camp romain de
Froidmont, M. Provost, de Bresles, il s'était attaché avec une prédilection intelligente à l'étude des antiquités locales, ainsi qu'à la recher-
che et à la conservation des curieux vestiges que les différents siècles
du moyen-âge et de l'antiquité ont laissés sur le sol fécond du département de l'Oise. La ville de Clermont et ses environs étaient surtout
devenus l'objet de ses études, et il y avait acquis une connaissance
approfondie des richesses nombreuses que possède cette contrée en
monuments de plus d'un genre. Vous vous rappelez tout l'intérêt
qu'ont jeté sur plusieurs de nos séances les curieux détails que nous
avons dus à sa complaisance et à la finesse de ses observations sur

plusieurs églises des bords de l'Oise, sur les principaux châteaux de la Picardie et sur quelques hommes distingués dont la naissance où le séjour dans notre contrée seraient restés inconnus sans ses révélations.

Le président Duflos était particulièrement doué de ce coup d'œil exercé qui sait découvrir le sentiment de l'art et le véritable cachet du beau, sous les formes quelquefois étranges que le goût des divers siècles imprime à leurs plus précieux produits. Une sorte d'intuition, que possèdent seuls les vrais antiquaires, lui révélait avec une grande sûreté l'authenticité et la valeur réelle des vestiges qui nous restent des temps passés, et cette justesse pénétrante d'observation lui servait à reconnaître et à démontrer dans des débris quelquefois bien peu caractérisés la trace de la main de l'homme où le talent de l'artiste. C'est ainsi qu'aux deux extrémités de l'échelle des arts, il avait su préciser et réduire en théorie les procédés barbares des Celtes, pour la fabrication de leurs armes ou la construction de leurs informes édifices, et qu'il avait acquis un tact exquis pour l'appréciation des plus beaux produits de l'antiquité et de la renaissance en sculpture, en émaux, en céramie, en miniature, etc.

L'étude particulière qu'il avait faite des arts, au moyen-âge, l'avait amené, comme tous les hommes de goût, à reconnaître la grandeur et la beauté des magnifiques basiliques de l'ère ogivale. Mais, non moins curieux d'étudier les monuments meubles de notre ancienne civilisation, il s'était attaché particulièrement à l'époque de Louis XI, moment d'une transition remarquable entre les traditions du moyen-âge de saint Louis et la réapparition des souvenirs antiques qu'on a appelé la renaissance. C'est dans cette pensée qu'il avait cherché à réunir dans son cabinet tout ce qui pouvait y présenter l'aspect complet d'un appartement de la fin du xve siècle. Un élégant bureau du temps, orné de belles sculptures et de garnitures en acier bronzé; un fauteuil de la même époque, en bois sculpté, des panneaux analogues, et une tenture en damas d'un dessin approprié à cette décoration, composaient avec une belle glace de Venise et une cheminée en bois sculpté, un harmonieux ensemble, rendu plus caractéristique encore par l'heureux choix des accessoires, en émaux, en tableaux estimés, et en menus meubles de très-bon goût.

C'était à côté de cet élégant cabinet de travail que M. Duflos conservait les antiquités de tout genre qu'il recueillait avec autant de soin que d'intelligence et dont, à plusieurs reprises, il a enrichi nos collections.

Non content de réunir ainsi sous ses yeux de nombreux et intéressants spécimens des arts aux siècles qui nous ont précédés, le président Duflos savait profiter de ces précieux moyens d'étude pour s'initier dans la connaissance la plus précise de l'état des arts aux diverses époques de notre histoire. Il s'était mis en relation avec des hommes justement renommés pour leur savoir en ce genre, et y avait acquis lui-même une expérience qu'on ne consultait jamais sans profit.

Ces études et le goût prononcé qui les inspirait, faisaient du président Duflos le centre et comme le chef naturel des travaux archéologiques dans la ville qu'il habitait. Aussi, un comité local, affilié à la Société des Antiquaires de Picardie, ne tarda pas à se former sous sa présidence. Plusieurs hommes d'un mérite notoire honorèrent les travaux de cette réunion savante, qui comptait au nombre de ses membres MM. Emmanuel et Eugène Woillez, M. l'abbé Deblois, curé de Clermont, M. Féret, adjoint, etc.

M. Duflos avait sa place marquée naturellement au sein d'une Société départementale vouée aux études qui avaient fait le charme de toute sa vie. Vous savez avec quel cordial empressement il réclama son admission dans vos rangs, et la Société Académique n'oubliera jamais tout ce qu'elle a gagné à l'adhésion d'un membre aussi distingué. M. Duflos avait pris au sérieux sa qualité de membre de la Société, et nos Mémoires, ainsi que notre Musée, témoignent hautement de l'intérêt qu'il prenait à notre œuvre et de ses constants efforts pour nous aider à accomplir notre mission.

C'est dans le numéro de nos mémoires publié en 1851 que M. Ledicte-Duflos fit paraître une de ses plus remarquables dissertations, consacrée à l'histoire et à la description du camp romain de Catenoy. Cette position stratégique était depuis plusieurs années l'objet constant des études et des explorations de notre savant collègue qui avait su en quelque sorte pressentir tout l'intérêt que ses recherches y donneraient. Signalé depuis longtemps à l'attention des antiquaires par les retranchements caillloutés qui le défendent, le mont de Catenoy, malgré les faibles dimensions de son plateau, était considéré par le plus grand nombre des antiquaires comme une station romaine. Cette opinion avait cependant été combattue avec force par un savant académicien, l'abbé de Fontenu, qui regardait l'exiguité de ses proportions comme complétement exclusive de l'hypothèse d'une station romaine. Cette opinion déjà fortement ébranlée par la découverte de médailles

romaines nombreuses et d'armes ou ustensiles de même origine, et
rejetée par M. Graves, dans sa notice statistique sur le canton de
Liancourt (1837), a été renversée de fond en comble par le résultat
des recherches de M. Duflos qui ont prouvé jusqu'à l'évidence que,
dès les temps les plus reculés, le mont de Catenoy avait été occupé
militairement et d'une manière permanente par les Gaulois; que, pos-
térieurement, les Romains y avaient établi une station permanente,
dont on voit encore l'enceinte, et qu'attestent en outre de nombreux
monuments; qu'enfin, dans le xve siècle, et pendant les troubles
sanglants de la Jacquerie, le mont de Catenoy fut encore le théâtre de
nombreux faits de guerre dont le sol recèle encore les preuves irrécu-
sables. Nous n'avons pas besoin ici de rappeler plus en détail le savant
mémoire que M. Duflos a composé sur ce sujet. Chacun de nous se
rappelle encore la lecture de cet excellent morceau d'histoire locale,
dont la Société s'est empressée de voter l'insertion dans le recueil de
ses Mémoires.

A ce beau travail se rattache le souvenir du don fait par son auteur
au Musée de Beauvais de tout l'ensemble des objets antiques trouvés
par lui à Catenoy, et qui constituent la démonstration complète et la
justification de ses conclusions. Ces monuments de l'antiquité Celtique,
de l'occupation romaine et des guerres civiles du moyen-âge, repro-
duits dans nos Mémoires par un crayon habile, réunis dans une vitrine
unique, conformément au vœu du donateur, ne sont, vous le savez,
malgré leur importance, qu'une faible partie des richesses que notre
Musée doit au généreux intérêt que le président Duflos prenait aux
progrès de notre œuvre. C'est dans cette pensée qu'il nous fit donner
par les enfants de Mme Dumoulin, sa belle-sœur, le beau tympan de
l'église Saint-Gilles, de Beauvais, sauvé de la destruction, en 1821,
par le zèle éclairé de M. Provost, de Bresles.

A une autre époque il enrichit notre Musée d'une belle collection
d'antiquités romaines, composée d'inscriptions funéraires, de cippes,
de lampes, de vases de tous genres et de statuettes, et d'une série
nombreuse de bas-reliefs grecs en albâtre ou en terre cuite, prove-
nant originairement du riche cabinet de M. Dufourny.

Plusieurs curieux ustensiles romains trouvés dans le département
de l'Oise et dans celui du Pas-de-Calais, font briller le nom de notre
regretté collègue dans toutes les divisions de notre Musée, et recom-
mandent son souvenir à la reconnaissance publique.

Parmi les monuments sur lesquels s'étaient portées les études du président Duflos, ceux qui tiennent à la céramie avaient fixé son attention et son goût d'une manière particulière. Depuis les poteries informes et grossières des anciens Celtes jusqu'aux chefs-d'œuvre dus au talent des habiles artistes de la manufacture impériale de Sèvres ; il avait suivi avec autant de persévérance que de sagacité tous les développements et toutes les vicissitudes de l'art du potier, et il avait acquis en ce genre une expérience et un tact que peu d'amateurs possèdent au même degré. Les connaissances qu'il avait dans cette branche importante de l'archéologie artistique et le goût très vif qui le portait vers l'étude de ses produits, l'avaient mis en relation avec quelques-uns des hommes dont le nom fait autorité en cette matière, notamment avec MM. Labarthe et Rio-Creux, auprès de qui il augmenta encore les connaissances déjà étendues qu'il devait à ses propres travaux. C'est sous l'empire des idées fécondes que lui avaient inspirées ces études et ces lumineuses communications qu'il avait conçu le désir, qu'il nous a souvent exprimé, de voir, dans notre Musée, former une collection céramique distincte, où figureraient, comme base principale, les nombreux vestiges des arts plastiques dans le département de l'Oise, à toutes les époques de notre histoire, et qui serait complétée et enrichie par les beaux produits de la céramie dans les autres contrées. Ce vœu, dont l'exécution ne pouvait être réalisée tant que nos spécimens étaient trop peu nombreux, paraît maintenant toucher à l'époque de son accomplissement. Le temps et les dons généreux qui sont venus successivement enrichir notre Musée, ont mis à notre disposition assez de curieux monuments de cet ordre pour nous permettre de donner suite à la pensée constante de notre excellent collègue, et bientôt, nous l'espérons, une section spéciale du Musée nous permettra de mettre sous les yeux du public une intéressante collection céramique couronnée par les belles porcelaines de Sèvres que la Société doit à la munificence éclairée de Sa Majesté.

Dans son zèle pour tout ce qui tendait à conserver les beaux souvenirs de l'art national, le président Duflos avait exploré avec un soin tout particulier la contrée qu'il habitait. On sait combien est riche en monuments de l'époque romane la fertile vallée qui s'étend de la ville de Clermont à l'Oise. Ce n'était pas sans une vive douleur qu'il voyait apparaître sur ces vénérables édifices les ravages du temps et les indices d'une ruine prochaine. Mais loin de se borner à déplorer dans une prose mélancolique la chute de ces magnifiques témoins d'un autre âge, il mettait autant d'activité à en combattre la ruine qu'il avait d'ardeur à les visiter et à les étudier. Membre de la Société française pour la conservation des monuments historiques, il savait appeler utilement l'attention de ses collègues sur les monuments qui méritaient et réclamaient leur secours. Non content de ce premier service, il savait stimuler le zèle des communes, solliciter et recueillir les dons des personnes généreuses qui s'intéressaient aux édifices menacés, obtenir des subventions des autorités administratives et du gouvernement, et couronner ces utiles et persévérants efforts en assurant l'exécution des travaux dus à sa bienveillante initiative.

C'est ainsi que M. Ledicte-Duflos s'acquittait noblement de la mission qu'il s'était donnée. Membre de plusieurs Sociétés savantes dont il aimait à partager les travaux, il était d'ailleurs correspondant des Comités historiques établis auprès du ministère de l'instruction publique pour l'arrondissement de Clermont.

L'un des plus intéressants mémoires dus à sa plume exercée est celui qu'il fit pour répondre à la question posée en ces termes par la Société des Antiquaires de Picardie. « Vaut-il mieux, dans l'exécution » des peintures sur verre, imiter les vitraux anciens ou suivre les » progrès des arts et du dessin? »

En traitant cette question d'un haut intérêt, M. Duflos fut loin de méconnaître tout ce qu'elle avait de délicat et en quelque sorte de provocant à l'époque où il en entreprit la solution. Une admiration fondée mais un peu trop exclusive pour les monuments de l'époque ogivale secondaire, avait presque amené à confondre le talent de l'artiste avec la science de l'antiquaire et à enchaîner le premier dans le cercle de fer d'une imitation voisine du pastiche, dont on ne permettait à l'artiste de s'écarter sous aucun rapport. Ce respect presque superstitieux pour l'art, tel qu'il florissait au XIII* siècle, semblait condamner irrévocablement les artistes, peintres, sculpteurs ou verriers à imiter sans réserve les figures noblement expressives, mais souvent incorrectes, des artistes du siècle de saint Louis. M. Duflos attaqua, avec sa modération habituelle, mais avec fermeté, cette théorie puissante et fit judicieusement observer que s'il était sage de s'inspirer de la pensée profondément spiritualiste et religieuse des grands artistes du XIII* siècle, ce ne serait pas un mal de rendre avec plus de vérité les formes extérieures sans lesquelles l'art disparaît sous le symbolisme, et que si l'on avait à faire un reproche aux artistes de la renaissance, ce n'était pas d'avoir soigneusement étudié et savamment rendu la nature vivante, mais que c'était d'avoir trop négligé dans leurs œuvres l'inspiration religieuse et le sentiment chrétien. Dans ce même mémoire, M. Duflos faisait une ingénieuse application de ses principes à un tableau célèbre, saint Augustin et sainte Monique de M. Ary Scheffer, et demandait avec un bon sens, mêlé d'un peu de malice, si cette belle page aurait gagné quelque chose à être calquée, pour la représentation de la figure humaine, pour le goût des ajustements et pour la perspective, sur les types d'une époque exclusivement recommandée par certains auteurs.

Ce mémoire se liait avec un autre travail de M. Duflos contenant la description des principales verrières de l'arrondissement de Clermont.

Les recherches de M. Duflos ne se bornaient pas à l'exploration et à la conservation des monuments de sa contrée. Jaloux de tout ce qui pouvait intéresser sa gloire, il recueillait soigneusement tous les souvenirs qu'y avaient laissés les hommes éminents qui y étaient nés ou s'y étaient fixés, et possédait à cet égard des documents curieux et authentiques. Cette connaissance approfondie des annales Clermontoises, lui donna un jour l'occasion de soutenir, dans un entretien privé avec le roi Louis-Philippe, une curieuse thèse historique, sur laquelle il se trouvait, au début, en opposition avec son royal interlocuteur. C'était en 1836. Le président Duflos venait d'être nommé chevalier de la Légion-d'Honneur, après vingt-deux ans d'excellents services. Se trouvant à Eu, où le roi était venu prendre de son côté un peu de ce repos plus nécessaire encore aux rois qu'aux simples citoyens, il eut l'honneur d'être présenté au roi pour le remercier de la distinction qu'il venait de recevoir. Le roi le retint à dîner, et après le dessert la conversation s'engagea familièrement, dans une embrasure de croisée, entre le souverain et le magistrat. Le roi lui parla du tribunal de Clermont, de l'arrondissement sur lequel il avait juridiction, et des hommes célèbres qui ont illustré cette partie de l'Ile-de-France. Après avoir répondu avec la concision convenable aux questions du roi, le président Duflos ajouta que, de tous les hommes éminents, nés dans son ressort, il n'en était aucun dont il fut plus fier que de saint Louis, dont le petit village de La Neuville—en-Hez se glorifie d'être le berceau. Le roi ne manqua pas de se récrier, et tout en rendant un courtois hommage à l'érudition de notre collègue, lui fit observer que c'était une tradition acceptée que saint Louis était né à Poissy, et que c'était pour cette raison qu'on le désignait ordinairement sous le nom de Louis de Poissy. Le président ne se laissa point déconcerter par une opinion qui paraissait aussi bien fondée en fait qu'imposante par la dignité de son contradicteur ; mais il demanda au roi la permission de lui exposer en peu de mots les fondements de sa prétention , cita une charte émanée du saint roi lui-même qui, se fondant sur l'affection toute particulière qu'il portait à son lieu de naissance, confirme les habitants de La Neuville-en-Hez dans divers priviléges et droits d'usage qui leur avaient été accordés par ses prédécesseurs. M. Duflos ajouta que ce titre se trouvait en harmonie parfaite avec les données historiques qui prouvent que la reine Blanche aimait singulièrement le château de La Neuville, où elle résidait souvent et où une tradition précise place la naissance de saint Louis. Nous ne pouvons savoir si la savante argumentation de notre ami porta la conviction dans l'esprit de son auguste interlocuteur. Le président Duflos avait trop bien le sentiment des convenances pour arriver à une conclusion dans une pareille controverse, mais ce que nous nous croyons autorisé à croire , c'est que le roi ne termina pas cet entretien sans féliciter notre collègue de son zèle à revendiquer , pour la contrée qu'il habitait, l'honneur d'avoir donné le jour au personnage illustre en qui la France révère un de ses plus grands rois et de ses plus saints personnages.

C'est avec le même respect pour les souvenirs honorables au pays que M. Duflos se fit un devoir de prendre une large part aux cérémonies qui solennisèrent l'inauguration de la statue de Jean-Dominique Cassini dans la première salle du Musée agricole de Clermont. Naturalisée dans notre province depuis plus de 200 ans et alliée à l'une des premières familles de Clermont, la famille de Cassini ne crut pas pouvoir déposer la statue du plus illustre de ses membres dans un lieu plus convenable que la ville même auprès de laquelle ils avaient voulu vivre et mourir. Ce précieux dépôt fut accepté avec une pieuse reconnaissance par les habitants de Clermont, et M. Duflos se fit le digne interprète de leurs sentiments dans un discours qu'il prononça le jour de l'inauguration et dont le souvenir ne se perdra pas.

C'est le même sentiment qui a porté M. Duflos à consacrer une modeste notice à un homme de lettres mort inconnu à Clermont, sa patrie , après avoir obtenu dans un des genres les moins relevés de la littérature un succès brillant et légitime à beaucoup d'égards, Caigniez, auteur de plusieurs pièces de théâtre, et notamment du mélodrame très goûté de la *Pie Voleuse.*

L'intérêt que le président Duflos prenait si vivement à la ville de Clermont, dont il s'était fait une seconde patrie, et à tout le Beau-

vaisis, où il méritait à tant de titres le droit de cité, n'avait pu éteindre
son amour pour le sol natal ; aussi ne croyait-il jamais ses collections
complètes ou ses recherches terminées que lorsqu'il y avait donné une
place convenable aux souvenirs de Gournay et de la contrée du Bray,
transition plus Normande que Picarde entre Beauvais et Rouen. Mais,
ce que la Société Académique ne peut oublier, c'est la prédilection
toute particulière avec laquelle il suivait et favorisait de toute son in-
fluence les travaux archéologiques de notre compagnie. Avant de faire
partie de notre Société, il suivait déjà avec un bienveillant intérêt nos
recherches et nos publications, applaudissant avec une noble cordia-
lité à des travaux qui pouvaient paraître rivaliser avec ceux du comité
de Clermont, dont il était le fondateur et le directeur. Mais depuis
l'époque où la Société Académique, reconnaissante des premiers dons
qu'il avait faits à notre Musée, l'appela dans son sein, il ne cessa pas
un seul jour de s'occuper de sa prospérité, de ses progrès et du per-
fectionnement successif de ses publications. C'est à lui que nous dûmes
d'entrer en relations avec des dessinateurs pleins de talent, MM. Ri-
vaut et d'Affry, dont les belles planches ont été un véritable ornement
pour nos Mémoires.

Il serait trop long d'énumérer les nombreuses et belles antiquités
qu'il nous donna à plusieurs reprises. Mais nous ne pouvons passer ici
sous silence le dernier présent qu'il nous destinait, et que sa mort
soudaine nous a seule empêchés de recevoir de sa main. Vous vous le
rappelez avec douleur, Messieurs, c'est le 30 août dernier, au moment
où le Conseil général du département allait ouvrir ses séances, au moment où M. Duflos se disposait à venir y occuper la place qu'il y avait
comme représentant du canton de Froissy, que la nouvelle de sa mort
est venue tomber au milieu de ses collègues comme un coup de foudre.
La veille encore il écrivait à votre Président qu'il se félicitait de cette
nouvelle occasion de se trouver auprès de vous, et lui annonçait le don
entre vifs de toutes les curiosités d'origine Romaine ou Celtique dont il
nous avait depuis longtemps promis la survivance. Lui-même avait
pris un soin affectueux à emballer, pour les apporter avec lui, ces cu-
rieuses inscriptions romaines, ces bustes authentiques, ces haches Cel-
tiques dans leurs gaînes de corne de cerf, et dont il se réjouissait d'enrichir notre Musée, déjà si paré de ses dons antérieurs.

Le président Duflos, dont les sympathies n'étaient pas étroitement
concentrées dans les souvenirs des temps antiques, et qui savait surtout apprécier le beau moral à toutes les époques, avait joint à

l'envoi qu'il nous destinait une série d'ustensiles bien simples, appartenant à l'époque qui nous a immédiatement précédés, mais qui n'en sera pas moins pour nous, comme elle l'était pour lui, l'objet d'un respectueux intérêt. Cette collection toute spéciale se compose de six vases, tant en terre cuite qu'en bois, produit de l'industrie des Galibis, et qui formait, à Sinamary, tout le ménage de l'illustre proscrit, Barbé Marbois. Il est impossible de contempler ce pauvre mobilier de l'exil, sans se rappeler, avec une haute et respectueuse admiration, le noble caractère et l'indomptable fermeté d'un des hommes dont les vertus publiques et le courage civil ont le plus illustré le nom français au milieu de nos fatales discordes. Ce monument qui consacre le souvenir d'une grande âme, a le mérite d'une authenticité incontestable. M. Duflos le tenait d'un ami de M. de Marbois à qui il était advenu après la mort de cet homme éminent, lors de la vente du château de Noyers, département de l'Eure, sa dernière résidence.

C'est ainsi que M. Duflos a donné à la Société Académique jusqu'à son dernier soupir des témoignages du vif et affectueux intérêt qu'il lui portait. Aussi sa mort laissera dans nos rangs un grand vide et dans nos cœurs un souvenir qui ne s'éteindra qu'avec nous, et qu'au moins nos annales transmettront à nos successeurs. Une précieuse consolation nous reste, c'est de savoir qu'à ses derniers moments la religion est venue adoucir et sanctifier cette mort, pourtant si foudroyante, et que ses consolants secours lui ont été apportés par une voix qu'il avait appris à connaître et à chérir au milieu des études qui nous rapprochaient nous-même de lui. C'est, en effet, un antiquaire, un de ces hommes distingués qui savent concilier l'amour et l'étude des temps passés avec le dévouement le plus entier aux besoins du temps présent, c'est M. l'abbé Deblois, le digne curé-doyen de Saint-Samson de Clermont, qui a pu verser sur un collègue, qu'il aimait autant qu'il le respectait, les dernières bénédictions de son saint ministère.